Moji omiljeni fraktali
Sveska 1
od David E. McAdams

Slike u ovoj knjizi kreirane su pomoću Fractal Forge. Fractal Forge se može preuzeti sa https://sourceforge.net/projects/fractalforge/.

Copyright 2021, Life is a Story Problem, LLC. Sva prava zadržana. Nijedan dio ovog dokumenta ne smije se kopirati, umnožavati ili čuvati na bilo koji način bez izričitog pismenog pristanka nosioca autorskih prava.

Ostale knjige David E. McAdams

Boje Papagaja – Uvod u koncept boja pomoću papagaja. Za predškolce.
Boje cvijeća – Uvod u koncept boja pomoću cvijeća. Za predškolce.
Boje Prostora – Uvod u koncept boja pomoću svemirskih slika. Za predškolce.
Oblici - Uvod u oblike. Za predškolce.
Brojevi – Uvod u koncept brojeva za uzrast 4-7.
Šta je veće od svega? (Beskonačnost) – Uvod u koncept infinity za uzraste 6-8.
Swingsets – (Engleski) Uvod u teoriju skupova za uzraste 7-10.
One Penny, Two – (Engleski) Ako se Sigov peni udvostruči svaki dan, koliko dugo će on moći da kupi tamnozeleni sportski automobil? Za razrede 3-6.
Learning With Money Activity Kit – (Engleski) Učite velike brojeve i brojanje sa preko 1.000.000 dolara novca za igru.
Moj omiljeni fraktali – A slikovnica od čudesne fraktala predstavio slike su visoke rezolucije.
All Math Words Dictionary (Engleski) – Pismeni za studente pred-algebra, algebra, geometrija i srednji algebra.
The First Million Digits of Pi – (Engleski) Prvi milion cifara pi. Za sve uzraste.
e to One Million Digits – (Engleski) Prvi milion cifara Ojlerove konstante e. Za sve uzraste.
The Square Root of 2 to One Million Digits – (Engleski) Prvi milion cifara kvadratnog korijena od 2. Za sve uzraste.
The First Hundred Thousand Prime Numbers – (Engleski) Prvih sto hiljada prostih brojeva. Za sve uzraste.
Orders of Ten – (Engleski) Knjiga koja ilustruje redosled od deset sa tačkama (1, 10, 100, ... tačkice). Za uzrast 10-15 godina.

Za ažuran popis, pogledajte http://www.demcadams.com.

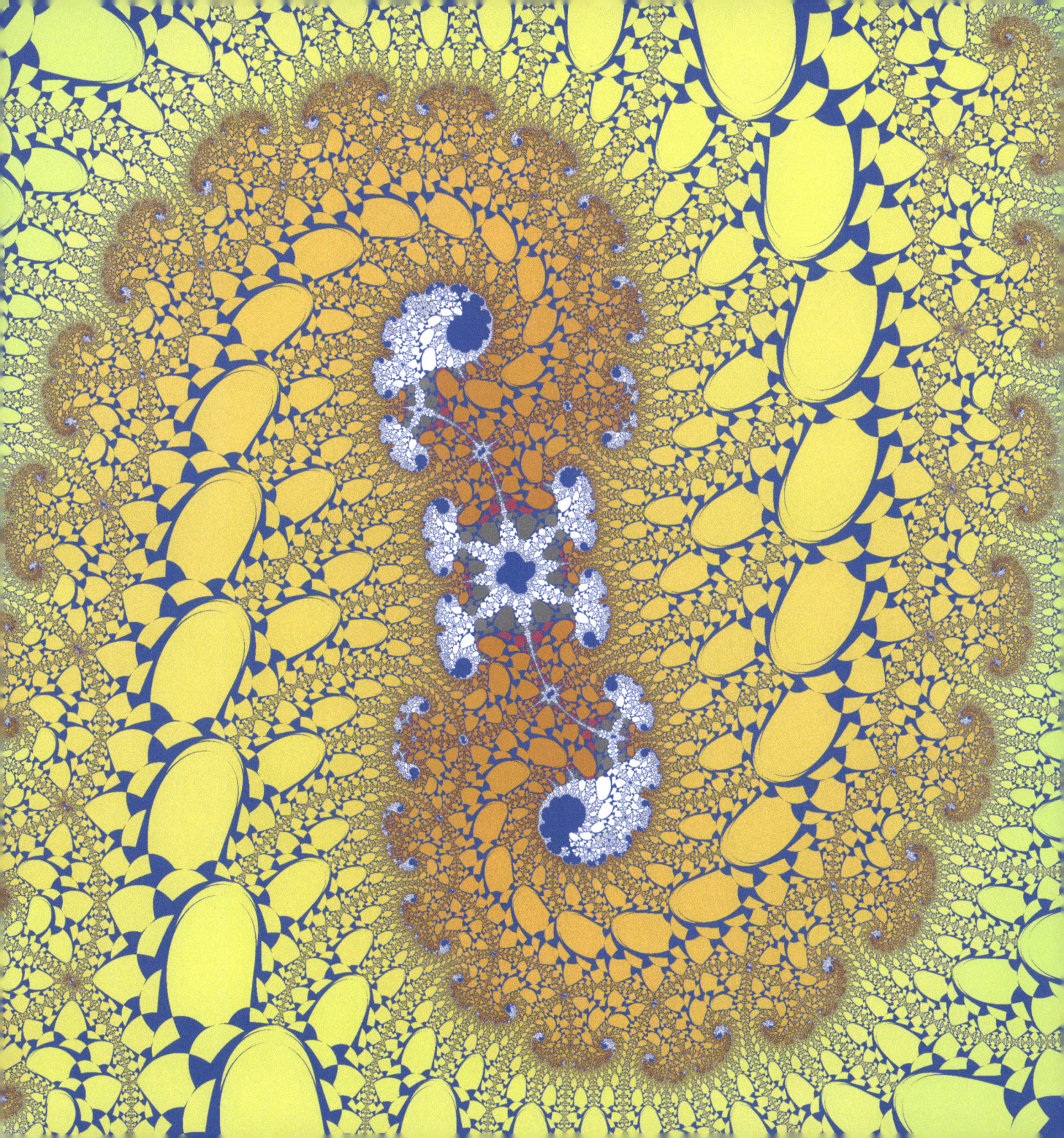

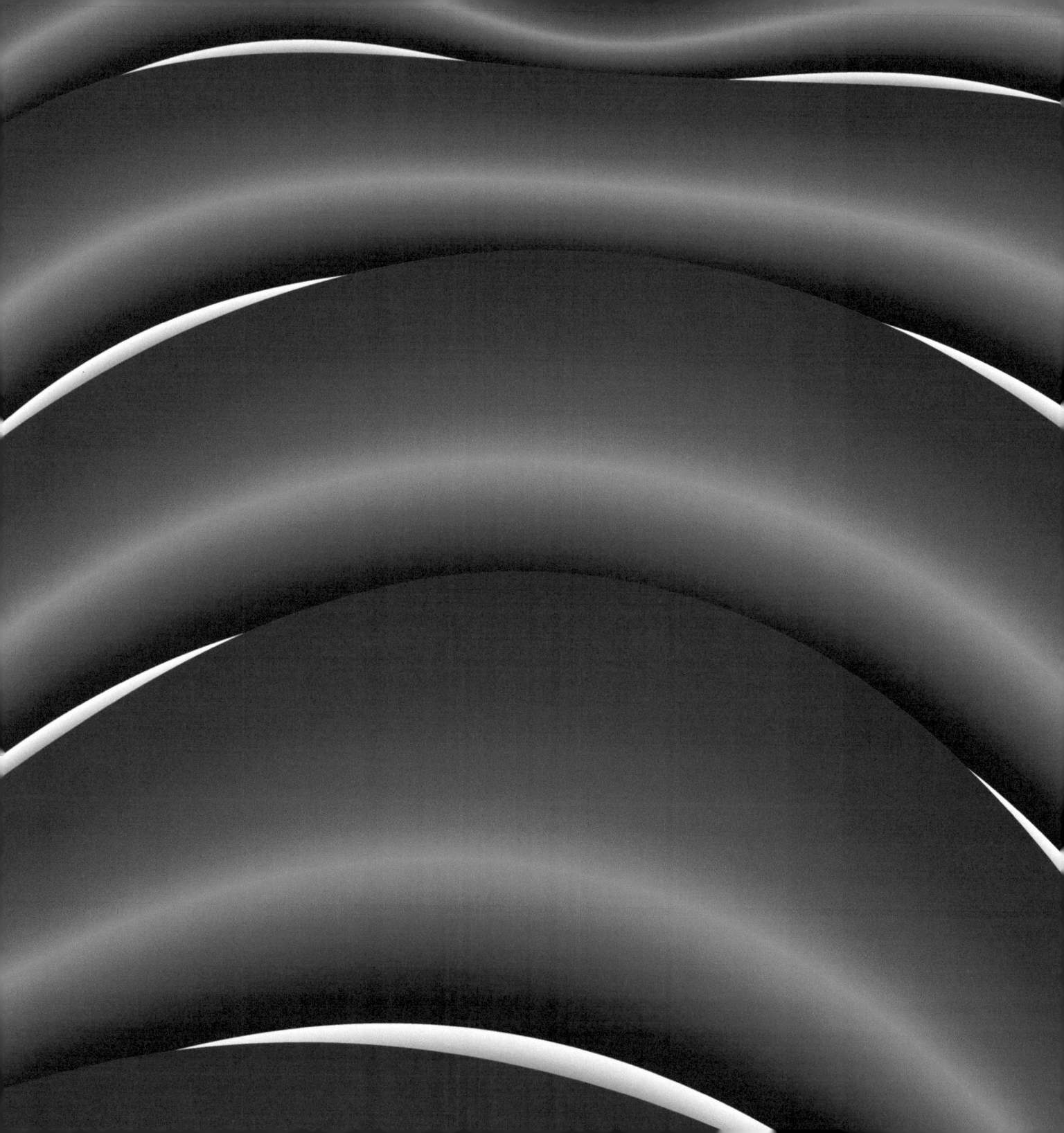

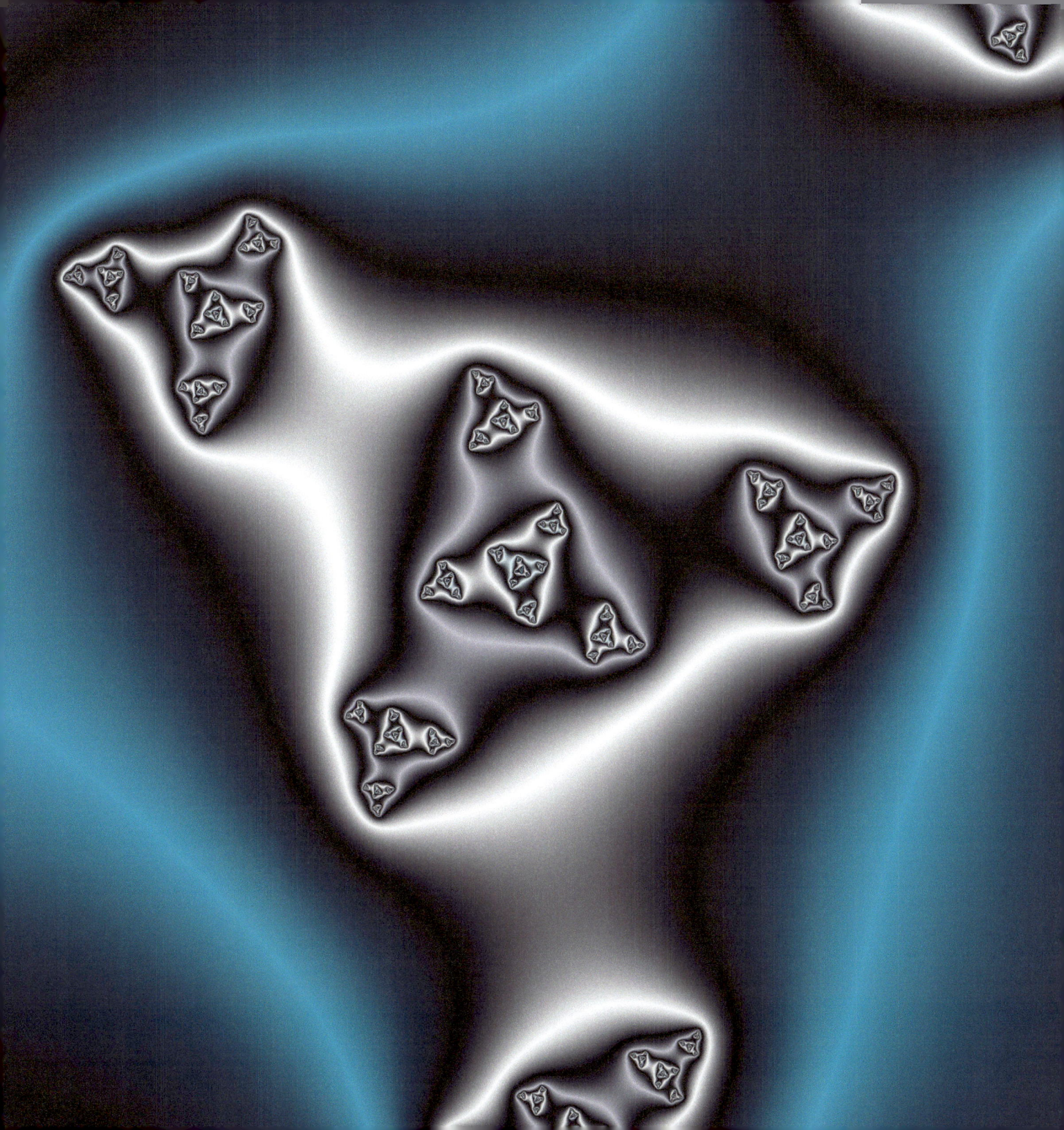

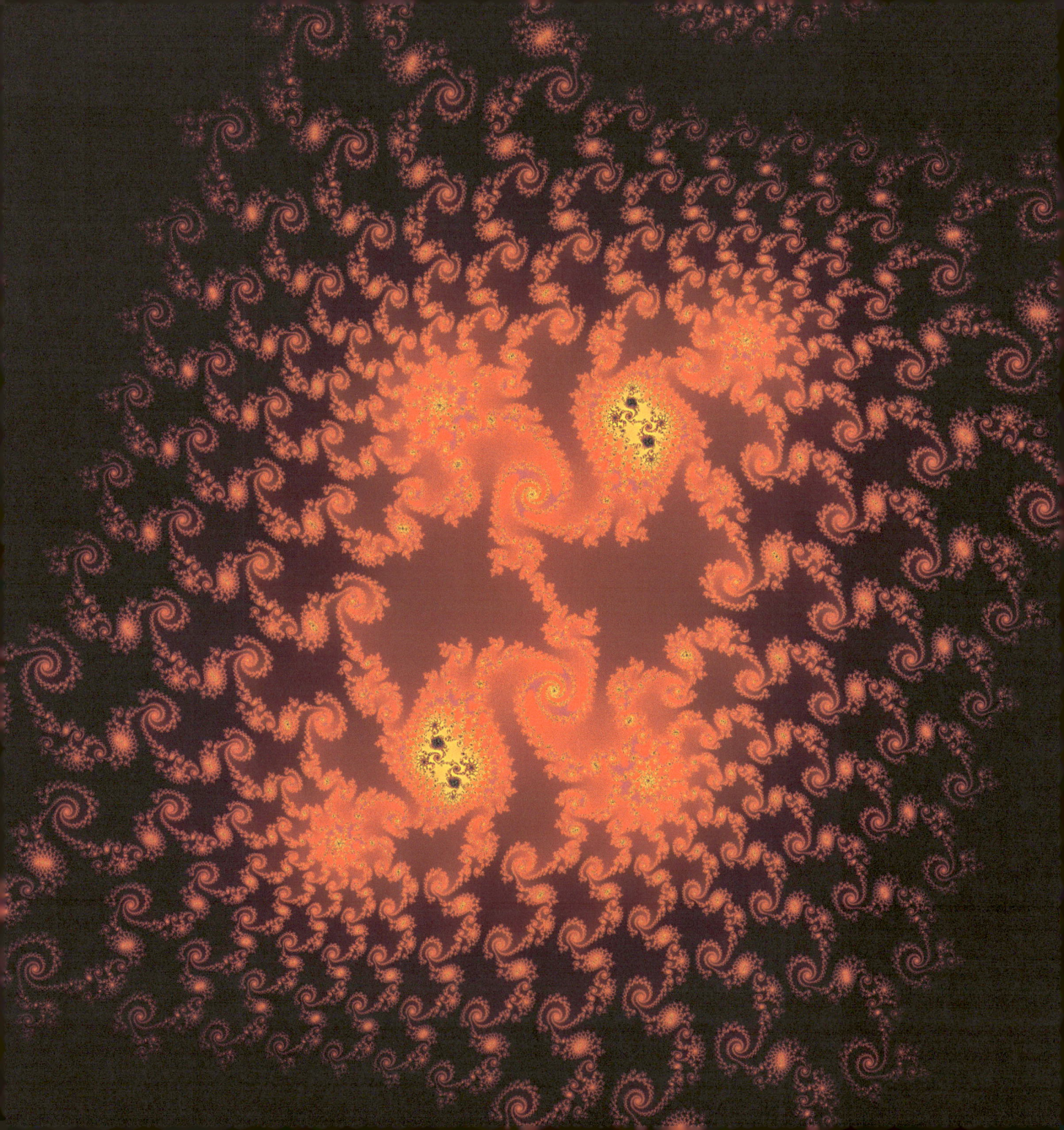

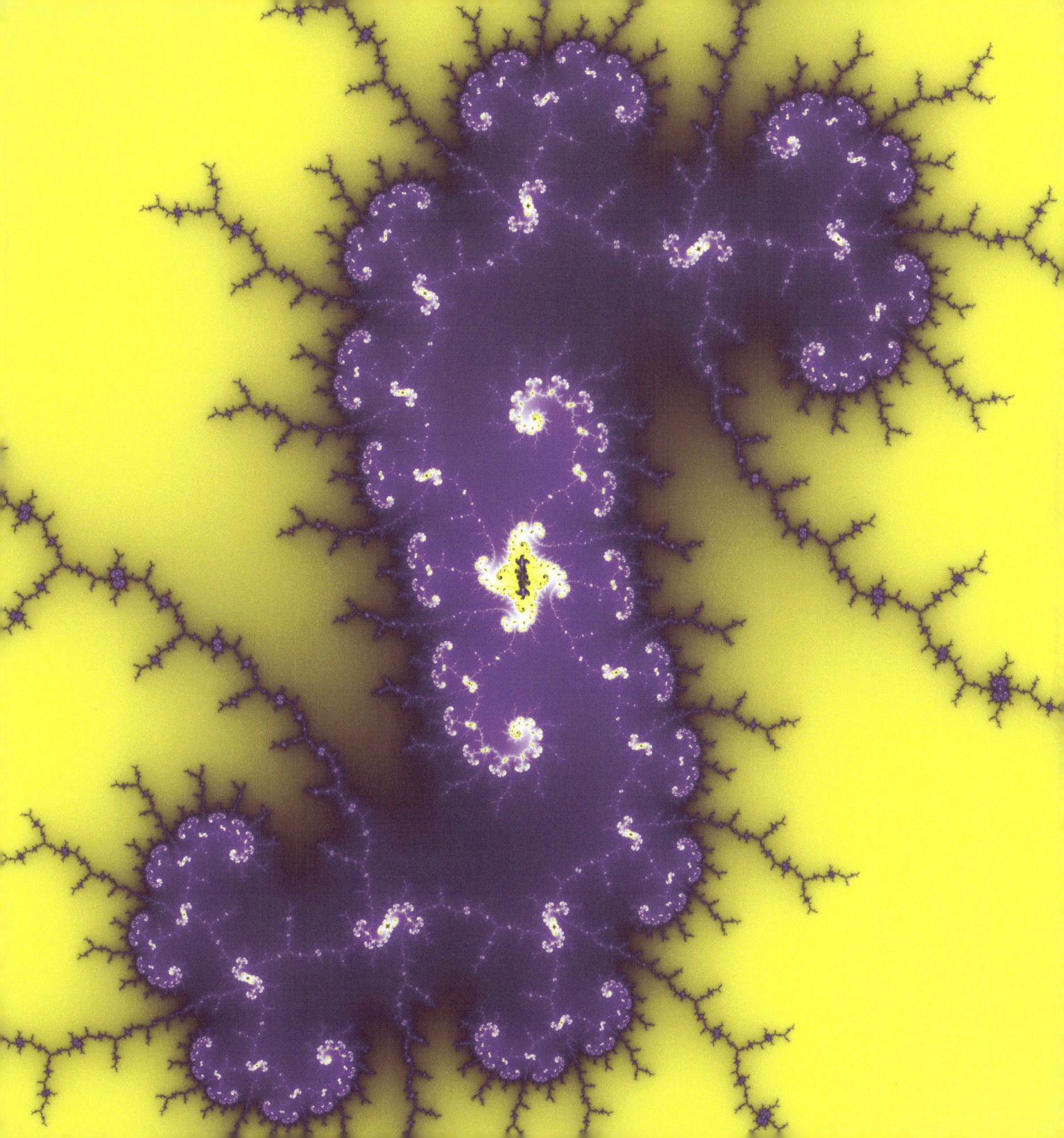

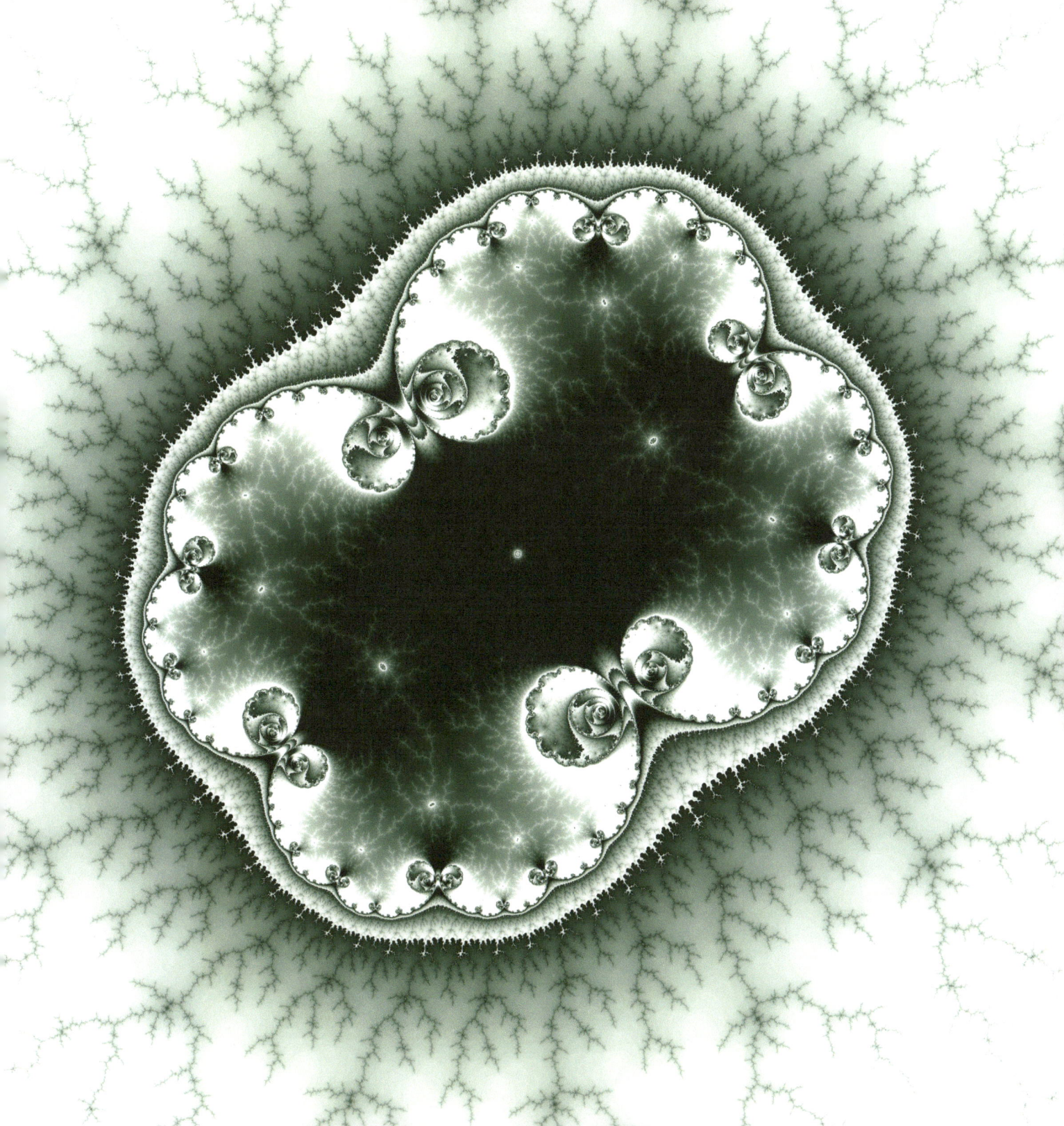

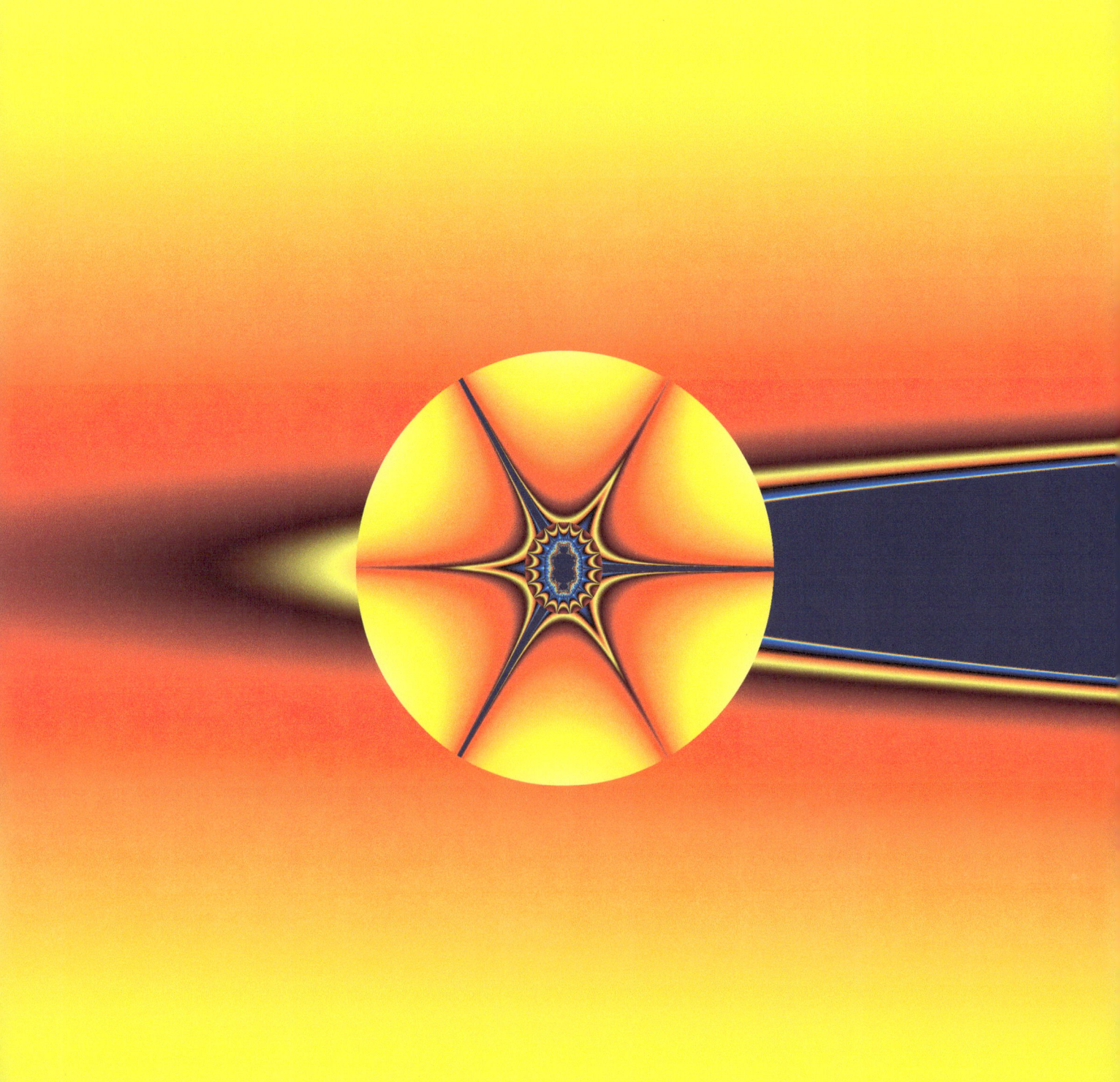

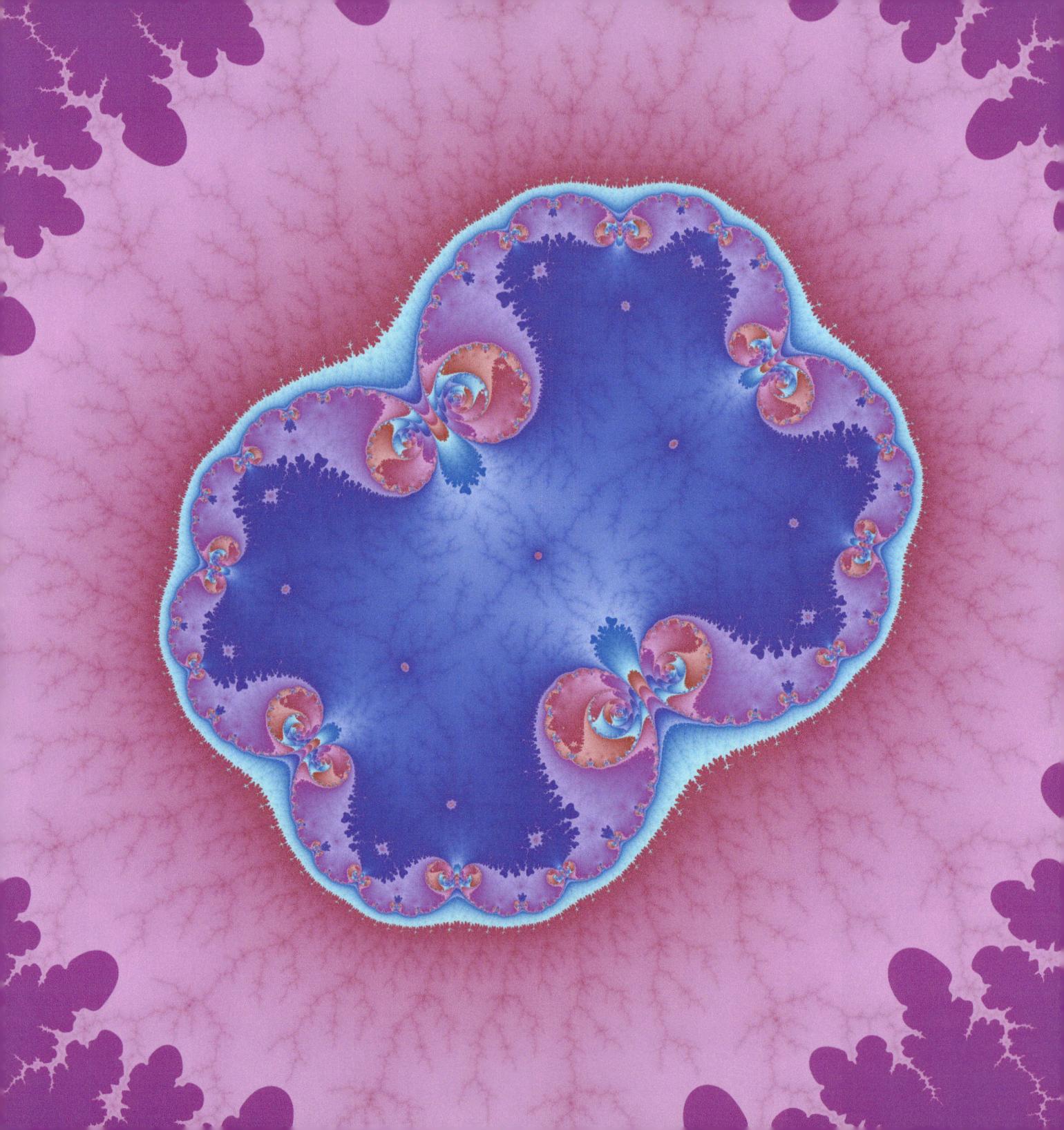

www.ingramcontent.com/pod-product-compliance
Lightning Source LLC
Chambersburg PA
CBHW041529070526
44586CB00002B/21